사랑에 대한 답

사랑에 대한 답

김대응 시집

현대시학시인선 151

**시인의 말

  이 에너지는 끝나지 않는다.

  마르지 않는 옹달샘과 같은 신선한 힘. 그것이 움직이는 것을 따라간다. 보여도 보이고, 보이지 않아도 보인다. 실망하지도 않고 낙심하지도 않으며, 언제나 끝까지 이루어질 때까지 일어서게 하는 부활의 능력. 그것으로 인하여 희망을 품는다. 저기 보인다. 보일 듯하다가 사라지면 빠른 속도로 있는 힘을 다하여 좇아간다. 자신은 잊고 저 보이는 것을 마음으로 소원하며 따라간다.

  포기할 수 없다.

  손에 잡아야 한다는 간절함이 마음 중심을 지키고 있다. 자신보다 더 중요한 존재를 위한 사투이다. 평온함은 다음을 위한 준비일 뿐 휴식은 아니다. 꿈을 이루기 위한 잠시의 쉼이지만 내적으로는 용암이 끓고 있다. 마음의 전쟁은 평화를 위하여 쉬지 않고 있다. 내적인 활화산은 외적으로는 평온 그 자체를 유지하고 있다. 평정심 속에 있는 용암. 무엇을 위해 사는지 분명하다.

그것을 위하여 오늘 한 줄의 문장을 놓는다.

이 줄이 이어져 하나의 길을 만들고, 길이 이어진다. 이것이 연결되면 원하던 것을 이룰 수 있다. 생각 속에 있는 설계도를 따라 한 문장씩 내어놓는다. 아직도 가야 할 길이 남아있다. 어떤 이는 다 왔다고 한다. 이 정도면 됐다고 하지만 그것은 그들의 길이고 길을 계속 가야 한다.

나의 길은 아직도 끝나지 않았다.

그곳에 이르면 더 하라고 해도 할 수 없는 쉼터로 안착해야 한다. 거기까지 가야 한다. 바람이 불고 있다. 맞바람을 받으며 힘을 쏟는다. 또 하나의 사랑으로 잉태한 사랑의 미래를 향하여. 바람 부는 방향을 살피며 나의 바다, 나의 인생 항해는 영원을 향하고 있다. 그 소원의 항구에 도착할 때까지 한 문장이라도 더 흔적을 남겨야 한다. 이 발자국을 보고 찾아올 그대를 위하여.

2025년 1월, 김대웅

차례

✱ 시인의 말

1부 사랑을 찾아가는 여행

사랑의 항해	12
사람이 미래다	14
미래로 가는 길	15
사람이 길이다	16
만남, 그 깊은 이유	18
지나가지 않는 사랑	19
우리 사이에 남은 것은	20
당신을 따라왔습니다	22
사랑 설명서	23
사랑이 오고 있다	26
사랑은 표현해야 잡습니다	28
봄비, 예쁜 봄비	30
그리움보다 사랑입니다	32
사랑의 교차로	34
바라봄	36

2부 사랑의 여로에서 만나는 것들

神의 초대소에서	38
사랑은 언제나 좋다	40
사랑은 꽃이다	42
사랑에 빠진 당신	43
존재의 의미	44
사랑에 대한 답	46
사랑이 당신을 구했다	48
봄비 사랑	50
사랑하라고 한다	52
곁에 있는 위로	54
사랑다운 사랑	55
우리의 사랑은	56
사랑 탐구	58
사랑의 숙제를 받고	59
사랑의 이유	60

3부 사랑이란 의문에 대한 답을 구하다

사랑의 무늬	62
사랑은 스스로	64
조각 모음	66
사랑의 샘 소리	67
오늘의 할 일	68
사랑의 시간	70
사랑과 허무	71
사랑의 계단	72
사랑은 어떤 길로 올까	74
그때는 추억이 되고 지금은 사랑이다	76
사랑의 진실	78
사랑이 오는 날	80
사랑이라 부른다	82
사랑하는 이를 바라만 볼 수밖에 없을 때	84
사랑, 애쓰지 마라	86

4부 날마다 오늘이 사랑입니다

우리 만나야 해요	88
카톡 사랑	89
운명을 역행하는 사랑을 위하여	90
사랑의 의지	92
사랑의 운명	94
사랑과 욕망의 기대임	96
순수한 사랑이 있을까	98
사랑의 기도	100
사랑의 시작과 끝	102
사랑의 쉼표	104
우리 사랑, 어떤 모습일까	105
한강의 사랑	106
사랑 근로자	108
사랑의 종	110
오늘의 사랑	112

* 해설 사랑의 신비와 존재의 의미 | 고명수

1부

사랑을 찾아가는 여행

사랑의 항해

좋아하는 사람도
싫어하는 사람도 변한다
어제와 오늘이 요동친다
사랑의 나침반이 가리키는 방향
끊임없이 자연적인 변화를 일으키며
자신도 모르는 방향으로 향하고 있다
그 변화를 알지 못한다
지켜보는 사람만이 알지만
주변에 그런 사람이 없다
그는 어떻게 변하였을까
기대해도 좋을까
마음은 졸이지만 기대 이하로
저 멀리서 보고 돌아선다
가까이 가서 대화할 수 없는 모습
사랑도 첫사랑의 기억 속에
머물 때가 아름답다

그 사랑 찾아가지 말라

쏜살같이 지나온 사랑의 머나먼 거리

곁에 있는 지금 사랑이

누가 뭐래도

가장 아름다운 사랑이라는 것을

눈 뜨는 순간이 행복하다

날마다 바라다보고 만질 수 있는 사랑,

마음 깊은 곳에서도 우러나는 진심

우리 사랑의 항해는

소원의 항구에 도달할 때까지

계속되고 있다

사람이 미래다

세상을 보면

사람이 보인다

사람 중에서 사람을 보면

과거 미래 현재가 보인다

그 사람은 미래이고

저 사람은 과거이고

이 사람은 현재이다

누구를 바라보며 살든지

우리는 함께 사는 중이지만

현재에서 미래가 보이는

희망을 붙잡을 것이다

저이는 과거의 흑암이고

이이는 현재의 반석이고

그이는 미래의 비전이다

이 사람 중에 누구를 따를 것인지

그 선택이 당신의 미래다

미래로 가는 길

모든 날은 그날의 기쁨이 있고
그날의 분위기에 따라 오래도록
매일 그날이었으면 하지만
그런 날은 손꼽을 정도
나와 너 우리에게 있었던
그날의 일은 어떤 기억일까
매일 그날이었으면 하고
이미 헤어진 그 날을 찾아
어디에서 헤매고 있지나 않을까
올해도 지나가는 십이월의 끝 주간
아쉬움과 소망이 가슴을 먹먹하게 한다
절연해야 할 관계 시원하고
함께 계속 가야 할 사랑하는 이들
손잡으면 마음이 느껴진다
오늘은 어제로 흐르고
내일은 오늘 내가 걸어가는 길 위에
햇살이 앞서가며 비추어 줄까

사람이 길이다

길은 어디에나 있다
널려 있는 것이 길이지만
다 갈 수 있는 것은 아니다
어느 길로 가야 할지
오늘도 선택해야 한다
이 길로 가다
저 길로 가다
막히면 다시 돌아와
원점으로부터 다시 고민해야 한다
앞서간 이들의 길
길을 내지 않은 길
내가 가야 할 길
어느 길이 내 길일까
바람이 불 때
그 방향으로 가야 할까
바람이 역풍으로 불어도

그 길로 가야 할까

마음의 길이 결정되면

그 길로 가라

누군가 손을 잡아주면 좋겠지만

잡아주지 않아도

내가 길이 되어야 한다

만남, 그 깊은 이유

만나는 것은 존재하는 이유

당신과 내가 여기서

서로 얼굴을 마주 보며

할 수 있는 일

만질 수 있고

웃을 수 있고

울 수 있어서

가슴 따뜻한 공존으로

살아야 할 목적이 더욱 뚜렷해져

잠시 떨어져 있어도

그 강렬한 추억

지구의 중력처럼 끌어당겨

언젠가 또다시 만나게 해

만날 수 있는 시간 있을 때

자주 만나는 것은

우리,

마음 포개는 사랑의 노래

지나가지 않는 사랑

지나간다

모든 것이 지나간다

지나가면 온다

기대하는 것이 온다

겨울이 가면 봄이 오듯

미움이 가면 사랑이 온다

사랑이 가면 무엇이 올까

사랑은 가지 않는다

언제나 그 자리에 있어

어제도 오늘도 내일도

사랑은 내 곁에 있다

내가 왔을 때도

내가 가고 있을 때도

사랑은 영원한 동행이다

설명할 수 없는 신비로움

풀 수 없는 내 사랑의 봄

동행한다

우리 사이에 남은 것은

우린 무엇이었을까
우리 사이에 쌓아온 긴 시간
그토록 사랑하였다 믿었는데

이젠
그 일이 생김으로 우린 무엇일까
그동안의 일 없었던 일로 할까
그러기엔 너무 아까운 시간을 보냈는데
돌이킬 수 없는 우린 낯선 타인인가

마주하면 웃고 안아주던 그 모습
안개처럼 사라지고 남은 것은
손바닥 안의 허허한 사막
우린 낯선 타인 거울에 비친
뒷모습 보이며
총총히 사라져야 하는가

우린 변하지 않는 영원함이라고
마음의 기록으로 서약했는데
물같이 녹아버린 마음의 지워진 꿈
우린 어쩔 수 없는 이기심의 노예
한 가지만 기억하리라
사랑했던 그 시간의 추억만,
나머진 그 이후로 흐름에 맡기자

당신을 따라왔습니다

그때부터

당신을 처음 만났을 때부터

지금까지

우연인 척하며 만났습니다

친근하게 받아줄 때까지

그런 마음으로

그것이 당신에게 통했습니다

우리는 알면서도 모르는 척하고

서로 끌림이 좋아

누가 먼저랄 것도 없이

따르고 따랐습니다

그것이 무엇이었을까

생각해보지 않아도 뻔한

좋아한다는 미묘한 감정

그것을 사랑이라고 부릅니다

사랑은 뻔한 뻔뻔한 친근입니다

웃으면서 받아주니 사랑입니다

사랑 설명서

 임은 전혀 모르고 있습니다. 첫눈에 반했다고 하는 것은 혼자만의 착각입니다. 그러기에 다가가서 이야기해야 합니다. 될 수도 있고 안될 수도 있습니다. 되리라는 확신은 금물입니다. 퇴짜를 맞거나 이상한 사람 취급을 당할 수도 있습니다. 운 좋게 만나게 되더라도 소통이 되지 않으면 중간에 깨어질 수도 있습니다. 되었다고 해도, 살게 되었다고 해도 오래 갈 수도 그러지 않을 수도 있습니다.

 사랑은 항상 현재형이라야 진심 사랑입니다. 지나간 사랑, 좇아가는 사랑, 짝사랑, 그리워하는 사랑, 미래의 사랑은 말뿐이지 허전한 공상일 뿐입니다. 사랑은 서로 마주 보며 눈을 반짝이며 웃을 수 있어야 합니다. 손을 서로 잡고 오랜 시간을 함께 걸어가는 중이라야 합니다. 사랑은 끊긴 순간이 오면 모르는 사람만도 못한 미움의 세월로 들어서게 됩니다. 사랑은 서로 끊임없이 보듬어주고 서로 깎이며 다듬어가야 하는 사랑의 조각상입니다.

사랑은 어떤 경우에도 끊기지 않고 서로 설명하면서 수긍하고 다투고 긍정하며 함께 세워져 가야 합니다. 사랑은 오늘도 같이 있어야 사랑입니다. 그리워하고 안타까워하고 만나지 못하고 있는 상황은 끝입니다. 그래도 사랑이라고, "사랑이라고" 하면 위선입니다. 이미 당신의 사랑은 곁에 있는 조용한 사람입니다. 그리워하는 사람에게 사랑의 마음이 가 있고, 진심으로 곁에 있는 사람에게 몸만 있는 사랑, 당신은 이쪽도 저쪽도 아닌 사랑 호소인일 뿐입니다.

사랑은 여기 있는 사람입니다. 내 곁에 있는 사람, 서로 만질 수 있고, 서로 마주 볼 수 있는 거리에 있는 사랑이 진실 사랑입니다. 더 이상 사랑을 찾아 방랑하지 않고 사랑의 둥지를 틀고 평화를 위하여 기도하는 집에 머물러 있는 가장, 사랑의 기둥입니다. 사랑 타령 그만하고 생활의 필요를 위하여 가족을 보듬어주는 것이 사랑의 뿌리입니다. 비바람 폭풍우 치는 때에도 햇볕이 따뜻할 때도 창문을 부술 듯이 태풍이 불 때도 어떤 상황에서도 든든한 성城이 되어 주는 임, 임은 사랑의 화신化身입니다.

사랑이 오고 있다

겨울 정문을 지나
살아남았다
내리고 또 내리는
쌓인 눈 속에 파묻혀
모진 겨울밤 견디지 못하고
죽은 이들에 대하여
조의를 표한다
겨울을 원망하지 않는다
겨울은 사명을 다해야 하기에
통과해야 하는 이들의 시험대일 뿐
그해 겨울은 혹독했다
그래도 지나간다
견디어 살아남은 이들이 희망이 되어
겨울 끝자락에 남은 작은 추위까지 왔다
마음을 추스를만한 추위다
이제 봄을 기대하며 한고비 큰 추위만

넘으면 겨울 후문이 보인다

조금만 참고 견디어라

그러면 그곳에 기다리고 있을

봄의 문이 열리리라

봄은 사랑이다

꽁꽁 언 마음을 녹일 기대감

훈풍을 기다린다

사랑은 표현해야 잡습니다

사랑하는 마음
전달하고픈데 어찌할까요?
쭈뼛거리기만 하고
다가가지 못하고 있으면
어찌할까요?
그 시간 잡지 못하면
사랑은 지나갑니다
사랑은 내게로 오는 것이 아니라
잡아야 합니다
사랑하는 마음
바라다보고만 있지 말고
한 걸음 또 한 걸음 다가가
찰나의 순간 꽉 잡는 것이라는 걸
잊지 마세요
머릿속으로 맴돌다 돌아오면
이미 놓친 사랑 후회하지 않도록

순간의 때

용기를 내 다가가면

그 사랑은 당신의 것입니다

봄비, 예쁜 봄비

봄비가 보슬보슬 어깨 위로
내려앉는다
우산 쓸 필요 없는
사랑스러운 보슬비
젖어도 괜찮아
보슬비에 옷 젖는 줄
알아도 괜찮다 괜찮다
햇빛과 바람을 한참 못 본
생명의 식물들을 실내에서
옥외로 내놓는 아침의 기쁨
보슬비가 불러내고 있으니
이 계절의 전령에 어찌
응답하지 않을 수 있겠는가
보슬비 내리는 아침
생명수 같은 이 봄비는
오늘만큼은 사랑비라고 불러준다

내가 너의 이름을 불렀을 때

식물들이 환호하고

너의 이름을 불러줌으로

너는 참을 수 없는 존재의 기쁨으로

죽어가던 식물에 부활의 기운을

불어넣고 있었어라

그리움보다 사랑입니다

그리움 속에 살았습니다
당신을 잊지 못하는 그리움으로 살았습니다
그리움 속에 살았습니다
잊으려고 해도 잊히지 않는
그리움의 세월
세월은 약이 아니라 병이 되었습니다
그 병을 이제는 고쳐야 할
시간이 되었습니다
그토록 이젠 잊으라고 했던
친구의 고언도 무시하고
그리움이라는 무덤을 팠습니다
잊으라고 한 그 친구의 말대로
지금, 그리움의 무덤을 덮겠습니다
그 여운이 사라지는 시간이면
진실한 사랑이 보일까요?
그 사랑 속에 살고 싶습니다

멀리 있는 그리움 아닌

가까이 있어 만질 수 있는 사랑

사랑하며 살아가는 우리

사랑은 여기 있으니 사랑입니다

그리움 아닌 참사랑입니다

곁에 있는 사랑으로 꽃을 피워갑니다

사랑의 교차로

사랑은 태어날 때 환희입니다

어서 오너라

너를 환영한다

너는 우리 집안의 영광이란다

무럭무럭 자라 가문을 빛내 주길

기도한다

그렇게 세월은 흘러

기쁨과 아픔을 주고받으며

함께 또 함께하며 살아온 세월

어느새 너는 나 같은 어른이 되고

나는 천국이 가까운 백발이 되었다

어느 날,

사랑이 갈 때는 슬픔입니다

"안녕, 잘 가세요."라고

말 할 수 있는 경황도 없이

떠나는 당신을 그저 말없이

바라볼 뿐입니다

사랑은 환희와 슬픔의 교차로를

몇 차례나 지나야 할까요

인생은 다 그렇게 오고 가는

순례자의 길이랍니다

오늘도 우리 사랑하며 살아갑시다

바라봄

당신을 만났을 때
서로 바라보았습니다

당신과 함께 걸을 때
같은 방향을 바라보았습니다

당신과 함께 살 때
여전히 같은 생각을 바라보았습니다

당신과 함께 지나온 세월
아직도 같은 곳을 바라봅니다

함께 하는 풍랑의 현실일지라도
변함없는 시간은 여전히 예쁨입니다

처음 만났을 때처럼
당신은 여전히 내 사랑입니다

2부
사랑의 여로에서 만나는 것들

神의 초대소에서

그분의 사랑은 위로부터 내리고
우리는 각각
그 사랑을 입었습니다

우리의 사랑은 수평으로 바라보고
마음과 마음에 조응하여
조심스레 사랑의 물레는 돌아갔습니다

사랑은 흐르는 물처럼
보이지 않는 바람처럼
마음의 時空間에서 交感하였습니다

지상에서 영원으로 다리를 놓는
神의 일터에서
비밀의 싹은 움이 자랐습니다

神은 매일 우리를 찾아오고

우리는 神의 초대소에서

한 방향을 바라보게 되었습니다

사랑은 언제나 좋다

좋다
사랑은
당신을 보고 있으면
한 송이 장미꽃 같다

조금 떨어져 보면
보기 너무 좋다
한 걸음 다가가
만지려 하면 가시가 있다

갑자기 다가가지 말고
서서히 다가가야
찔리지 않는다
좋다

사랑은

아름다움을 지킬 것이 있어서

가시가 있는 것

사랑은 오늘도 사랑이다

사랑은 꽃이다

좋아하는 꽃이 있다
사랑하는 꽃
얕은 데 있다
수줍은 듯이 낮은 모습
색깔은 사랑색이라 부른다
자주색 사랑초
발그레한 새색시 볼 같아
그 앞에 서면
꽃이 핀다
마음이 활짝 열려 피어나는
내 사랑의 빛깔
쿵덕거리며 마음 물들인다

사랑에 빠진 당신

말하지 않아도 표정은
말합니다
말을 하면 그 말은
속일 수 없습니다
"너 정말이네" 하여도
부정하기도 하지만
그럴수록 인정하는 모습
드러납니다
표정과 말은 사랑에 물들어
어떻게 해도 빛이 납니다
사랑은 그런 것이기에
그 사랑,
거짓이 아닌
진심인 사랑의 행로가 되길
기도합니다
사랑은 당신을 찾아왔고
당신은 사랑을 따라갑니다

존재의 의미

누군가 나로 인하여
행복을 느낄 수 있다면
그보다 더 한 존재의 의미는
없습니다

누군가 나를 기억하고
행복한 같은 시대를 살았다고
한다면 이보다 더 좋을 수는
없습니다

누군가 나로 인하여
사는 맛 행복했다고
한다면 이 세상에
작은 천국을 이루었습니다

누군가 나로 인하여

존재의 의미를 알고

살았다고 한다면 이 세상 사는

꿈을 이루었습니다

그분이 누구인지 모르지만

감사합니다

고맙습니다

사랑합니다

사랑에 대한 답

사랑할수록 사랑은
사랑입니다

무슨 말로 표현해도 부족한
사랑입니다

이제 그 마음 다 알았다 해도
사랑입니다

표현할 말이 부족한 이 세상 단어
사랑입니다

언제까지 사랑할 수 있을까 하여도
사랑입니다

사랑은 사랑할수록 더 곱하기 되는

사랑입니다

사랑은 사랑이라는 말 외에 답이 없는

사랑입니다

사랑할수록 사랑은

사랑합니다

사랑이 당신을 구했다

사랑이 세상을 구했다

당신을 구하는 것이 사랑이었다

어디서부터 왔는지 묻지도 않았다

어디로 가는지도 몰랐다

지금, 이 순간 내 앞에 있는 당신

나를 바라보는 눈빛

세상에서 볼 수 없는 부드러움

나의 영혼을 감싸고 위로하는

흰 구름에 쌓인 따뜻한 품

무엇이라 표현할 수 없는 붕 뜬

기분, 꿈이 아니길 바랐다

현실이었다, 아무리 직시해도

내 앞에 있는 당신의 표정

사랑의 화신입니다

말하지 않아도 전달되는 전음傳音

사랑의 텔레파시 전율입니다

세상에서 한 번도 경험할 수 없는

어떤 소리, 사랑합니다

그 이상으로 사랑에 휩싸여

마음은 하늘로 날아갑니다

봄비 사랑

사랑입니다

세상에 사랑이 있습니다

그 사랑을 따라갑니다

오지 않는 사랑

내가 가면 사랑이 됩니다

받아주면 고맙고

안 받아주면

마음 전달했으니

그분이 선택할 문제입니다

운명은 사랑으로 이루어지는

연결 통로입니다

사랑하고 또 사랑하다 보면

언젠가 그 사랑

마음과 마음으로 이어지는 날

그날이 오겠지요

마냥 기다리지 않고

전달하고 기다리다 보면

봄비 내리는 날 싹이 트듯이

그대의 마음에 사랑이 올라오길

봄비 오는 계절에 기다립니다

사랑하라고 한다

사랑하라

사랑하라

이것은 살아가는 힘이다

이것은 누가 시키지 않아도 하는

자신이 자신에게 내리는 명령이다

하지 않으면 마음이 굶주려 죽는

인생 양식이라는 것을

본능적으로 알고 있다

사랑하라

사랑하고 싶은 사람은 더욱

사랑하고

사랑하라

사랑하고 싶지 않은 사람은 억지로라도

사랑하는 척하며

마주 보고 살아가는 것이

우리가 아니던가

당신에게 묻고 싶지만

나에게 묻고 있다

사랑하라

오늘도 사랑하라

곁에 있는 위로

무슨 말을 해야 할까?
생각이 나질 않지만
당신 곁에 있겠습니다
아무 말도 하지 않고
그냥 있는 것으로
곁에 있도록 하겠습니다
무슨 말이든 생각나면
그때마다 거들며
마음 붙들어 주겠습니다
바라보고 있는 나도 힘들지만
당신은 얼마나 더 힘들까?
그런 생각으로 곁에
지탱해 주는 위로의 기둥
그런 역할이라도
해 주고 싶어서
오늘,
당신 곁에 머물겠습니다

사랑다운 사랑

사랑은 어디서 오는지도

사랑은 얼마나 머물지도

사랑은 언제 가는지도 모르는

사랑, 지 마음대로

내 마음 생각지도 않고

사랑의 마음대로 오고 가는

너는 변덕쟁이인가 보다

사랑이 바라는 사랑과

내가 바라는 사랑과 차이점이 있다면

이것이 아닐까?

안정 그리고 고요함

미풍도 없는 아주 평안함

햇빛조차도 정지된 시간

아주 고즈넉한 어느 공간에

세상 제일 편한 자세로

사랑다운 사랑으로 영원하길

우리의 사랑은

우리가 사랑할 때부터
우리의 사랑은
어디론가 가고 있었네

우리의 사랑은
당신과 마주한 방향으로
흐르는 같은 물줄기

우리가 사랑하며 가는 길
우여곡절 섞여 있어도
이 길을 막을 수 없네

우리의 사랑은
우리가 사랑하며 가는 길
누구도 대신해 줄 수 없어

우리의 사랑은

우리가 꽃피워야 할, 참으로

손실을 많이 해야 하는 사랑

사랑 탐구

연앨하고

사랑하고

결혼하고

아이 낳고

사는 게 뭔지 모르게

살아가는 인생의 무게감

지금도 사랑하는 것일까?

무덤덤함으로 사는 삶

지금 그냥저냥 사는 거

이것이 진짜 사랑이다

의심하지 말라

그냥 사는 것이

사랑이다

사랑의 숙제를 받고

우연

그랬다면?

그것은 우연이 아니었다

그것을 넘어선

끝없는 관심

때론 집착인지 오해할까 봐

다시 복기復棋했다

당신의 눈빛과 표정은

그런 것이 아니란 것을

책을 읽는 것처럼

마음을 볼 수 있었다

그건 좋아한다는 신호를 따라

내가 가야 할 길이었다

당신이 부르는 소리

어떻게 해야 할지 몰라

탐구해야 할

사랑의 숙제를 받았다

사랑의 이유

이유가 있다면

이유가 있겠지만

이유가 없습니다

당신을 사랑하는 데는 아무

이유가 없습니다

그것이 이유라면 이유입니다

사랑은 그런 것입니다

왜?

나를 사랑하냐고

굳이 묻지 마세요

그걸 묻는 순간 사랑은

바람처럼 사라질 테니까요

3부
사랑이란 의문에 대한 답을 구하다

사랑의 무늬

잔잔한 봄바람처럼

따스하게 스며들었습니다

하늘거리는 잔꽃 무늬로

내 마음에 조금씩 아주 조금씩

새겨지는 것도 몰랐습니다

어느 날엔가 깜짝 놀라

마음에 새겨진 무늬를 보았습니다

(   )

이건 아닌데

아닐 거야 하고 문질러 보고

지워버리고 싶었지만

그럴수록 진해지는 그 아픔

마음의 바다는 가라앉지 않고

파도치고 있었습니다

풍랑이 일어도 파선하지 않고

달리는 사랑의 수송선은

제어할 수 없는 동력으로

그대를 향하여 가는 소망입니다

사랑은 스스로

무엇이 움직인다

마음속에서 꿈틀거리며

멈추지 않는 그리움 같은 것

그 정체 알 수 있을까

답답하지만 안개 같은 사모함

그 너머로 자꾸 마음이 간다

보일 듯 보이지 않을 듯

숨바꼭질하듯 하는 모습의 그림자

알 듯 모를 듯

멀리서 보면 보이고

가까이 가면 사라지는

시야의 한계 경험하지만

마음은 알고 있는 듯이

자꾸만 보이지 않는 곳을 향하여

손가락을 가리킨다

그곳에 있어야 할 것이 있다고

당신이 찾던 그 존재의 그리움

스스로 찾아가는 사랑이라고

조각 모음

한 조각 주웠다

또 한 조각 주워 모았다

모으다 보니 무엇인가 될 성싶었다

이리저리 궁리하다 보니

그럴듯한 형상이 하나 떠올랐다

이것이다 싶어 한 번 정성 들여 보았다

됐다 그럴듯했다

생각했던 것 이상으로 하나의 형상이

제대로 되었다

그 후로는 내가 아끼는 보물 1호

마음에 자리를 잡았다

늘 아끼는 마음 지나치다 싶지만

그것을 어찌할 수 없다

거기에 쏟은 정성, 진심

그 마음을 무엇이라 부를까?

사랑의 샘 소리

깊은 산속 옹달샘

그 샘은 누가 찾을까

아는 이만 찾지만

누가 찾든 찾지 않든

그 옹달샘은 여전히 샘솟는다

그 맑은 물 만난 이는 생명수로

갈증을 푸는 행복을 누린다

깊은 마음속 사랑의 샘

이 샘은 누가 찾을까

아는 이가 있어도 찾지 못한다

누가 찾을지도 미지수이지만

이 사랑의 심장은 뛰고 있다

이 심장의 고동, 만난 이는 희망으로

하늘을 나는 꿈을 품는다

맑은 옹달샘 같은 사랑의 심장 고동 소리

세상을 맑게 하는 순환의 풍경소리

오늘의 할 일

할 일을 찾으면 많다
찾지 않아도 할 일은 많다
그 많은 일이 있어도
할 일이 없다고 한다
무슨 말이 필요할까 하지만
그런대로 마음으로 받아준다
그래야 다음 이야기로 이어지는
관계를 유지할 수 있다
그런 사람이거니 하면
마음 정리가 된다
할 일을 찾으면 많다
이미 할 일이 있어
함께할 이와 함께하며
오늘 할 일을 하면서
그 마음 보듬으며 사랑하는
일이다, 일 아닌 사랑이다

어제는 잊고 언제나 오늘처럼

사랑으로 사랑으로

사랑의 시간

사랑은 어떻게 전달이 될까?
눈빛이 가고
머물면
마음이 가고
감응이 있으면
마음 따라 몸이 움직인다
그대 곁으로 가까이
조금씩 다가간다
어느 순간이 오면
막을 수 없는 파도의 격랑
모든 것을 삼키고 지나간 시간
어느 외딴섬에 머문다
사랑은 전달이 된 것일까?

사랑과 허무

사랑한다고 하면서
실체가 없이 짝사랑한다고 하면서
상대방이 모르는 홀로 사랑은
사랑 아닌 허무다

홀로 사랑하는 것은
상상도 아닌 영화의 한 장면일 뿐
그 장면 속의 주인공은
사랑 아닌 허무다

사랑을 좇는 것은
잡을 수 없는 바람과 같은 것
사랑은 바로 여기 곁에 있어
눈빛으로 빛나는 반짝임이다

사랑의 계단

가는 길이 순탄하지 않다

울면서 탄생했고 축하받았지만

어디서 언제 어떻게 죽을지는

누구도 예측할 수 없는 불안한 미래지만

누구도 준비하지 않는다

아무 일도 일어나지 않는 것처럼

내일도 오늘처럼 일 것이라고

생각하는 것일까

생각해 봤자 대책이 없기에

되는대로 사는 거지 뭐, 하고

그래, 그래 그렇지 뭐 어떻게 되겠지

막연한 포기가 평안함으로

마음을 다독이는 위로가 되는 듯

오늘은 이렇게 지나가고 있다

내일은 오지 않았다

언제나 오늘이었다

곁에 있는 한 사람과 사랑하며
한 걸음 천국을 향한 발자국을
또 한 걸음 내딛고 있을 뿐이다

사랑은 어떤 길로 올까

 사랑에 관하여 잘난 척하고 이야기하는 친구를 만났습니다. 사랑은 이렇게 하는 거야! 이것은 또 이런 거야! 신나게 말하는 그 친구 너무 확신에 차 있었습니다. 가만히 듣고만 있었습니다. 맞장구치는 친구도 있어서 그냥 듣고만 있었습니다. 그래, 잘한다. 네가 고수야! 하고 얼쑤 해 주니, 더욱 고양高揚되어 술술 비법이라고 이야기하는 것이었습니다. 다들, 좋다 좋아하였습니다.

 사랑은 그렇게 나대며 천박히 굴지 않습니다. 그건 사랑이 아닌데 사랑이라고 하는 것이었습니다.

 사랑에는 말이 없습니다. 조용히 조용히 다가가서 마음을 열고 스며들 듯이 누구도 모르게 그대와 나만이 아는 비밀의 그때입니다. 설명할 수 없는 신비로운 길이 열려 누가 먼저라 할 것 없이 이끌림으로 눈빛을 바라보는 그 순간이 절정입니다. 어떻게 이러니저러니 말을 할 수 없습니다. 말 이상의 기적 같은 순간이 마음으로 연결되어 철컥 묶여버리는 그 순간의 감전입니다. 이것이 사랑인가 하고 의심하며 연속극으로 빠져드는 장면을 따라가는 주인공이 사랑의 길로 들어선 것입니다.

   그것조차도 믿을 수 없이 어느 순간 이미 돌이킬 수 없이 그대의 포로가 되었다는 것을 깨달았을 때 사랑입니다.

   그 사랑은 이젠 말할 수 없습니다. 말하고 싶어도 설명이 되지 않습니다. 설명을 하려고 해도 어디서부터 이야기해야 할지 모릅니다. 말을 하면 할수록 헷갈립니다. 한 가지 분명한 것은 그대를 사랑하고 있다는 것입니다. 사랑은 말을 따라가는 것이 아니라 마음으로 이어진 다리를 따라 걷고 있는 것입니다. 그 친구가 신나게 말하였던 그런 사랑은 없습니다. 무용담이었을 뿐입니다. 시간 때우기로 웃자고 들어주었던 것일 뿐입니다.

   그 친구 사랑을 알기에는 아직도 철없는 시절 방황하고 있는 듯합니다.

그때는 추억이 되고 지금은 사랑이다

그때는

정말로 순수였다

당신을 만나는 것이 좋았다

보고 또 보고 싶었다

기다림과 설렘은

무엇과도 바꿀 수 없는 소중함이었다

그 사랑 이루어지지 않는 아픔을 뒤로하고

추억이 되었다

첫사랑의 여운은 오래 간다

처음 물든 마음 배경 채색이었기에

무엇으로도 지워지질 않는다

세월의 지우개로도 소용이 없다

그때 그 시절을 지나

새 사랑을 만났다

이 사랑 오래가는 향기로 함께한다

사랑의 진실 깊은 샘물

진실한 사랑의 본색에 물들어

지금은

마음 환한 천국의 계단을 향한다

사랑의 진실

그리워하는 것은 사랑이 아니다
추억에 잠기는 것은 사랑이 아니다
이루어지지 않은 첫사랑은 사랑이 아니다
그것들은 사랑과 유사한 감상일 뿐이다

사랑은 항상 곁에 있는 것이다
필요한 일이 있을 때마다
곁에 있어 손을 내밀어 주는 것이다
이것도 저것도 할 때마다
안타까움으로 하나씩 전해주는 것
이것이 진짜 사랑이다

피곤하고 짜증이 나도 인내하며
사랑이라는 어떤 감정이 일지 않고
일이 되어 있을지라도
참을 수 없는 인내의 한계를 버티며

곁에 있어 주는 것

이것이 사랑이다

사랑이 오는 날

사랑을 기다린다
그리움이 가까이 오는 기척
사랑이 가까웠다는 것이다
조용히 들릴 듯 말 듯
점점 가까이 들리는 발소리
이슬비 보슬비 가랑비, 비
비가 오고 있다
우산을 들고 임을 맞으러 간다
비에 젖어 마음도 젖어 있을
임의 모습을 바라다본다
저만치서 오고 있는 임
우산 속으로 함께 걷는다
묻지 않는다
아무것도 물을 필요가 없다
오늘 내리는 비를 따라서 온 것으로
마음은 촉촉하게 생기를 회복했다

이 비가 그치지 않기를 바랄 뿐

이 비가 그치면 사랑은 그리움으로 변하고

언제 다시 올지 모를

그리움의 시간을 보내야 한다

오늘 이 비가 오는 시간에 만난

오늘의 시간이 사랑이다

사랑이라 부른다

어디서부터 말해야 할지 알 수 없다
어느 순간부터 가슴에 꽂힌 화살 하나
빠지지 않는다
어디서 만났을까?
친구와의 만남이었을까
결혼식장에서였을까
놀이터에서였을까
아! 거기서였을까
확신할 수 있는 곳은 생각나지 않지만
분명 어디선가 본 듯한 사람
그 모습 잊을 수 없다
그러다 어떤 모임에서 보았다
서로 누가 먼저랄 것 없이
눈빛이 정면으로 반짝였다
저기요.
맞죠?

네, 맞아요.

잠깐 이야기할 수 있을까요

그날 이후부터 습관이 달라졌다

그것을 사랑이라 부른다

사랑하는 이를 바라만 볼 수밖에 없을 때

내가 할 수 있는 것이라곤

아무것도 없다

내 사랑하는 이

손 쓸 수 있는 무슨 처방도

해 아래서는 없다고 한다

그저 울음을 삼키고

또 삼켜야 하는 인내의 시간

언제까지인지 기약할 수 없다

무엇을 할 수 없다

아무 일도 손에 잡히지 않고

허공만 치는 것 같은 일상의 파괴

지켜만 보는 시간의 괴로움

누구와도 나눌 수 없는

이 외로움의 등대 불빛

꺼져가는 촛불 같은 생명의 호흡

내 마음도 꺼져가는 것 같지만

아! 나만은 꺼지지 않는 촛불 밝히고

그대 곁을 지키고 싶다

내가 할 수 있는 것이라곤

무기력으로 모든 걸 맡긴 기도 밖에는

당신을 위하여 할 수 있는 것이

이것밖에 없음을 한탄한다

내 사랑하는 이여!

사랑, 애쓰지 마라

사랑하려고 애쓰지 마라

사랑받으려고 노력하지 마라

사랑은 있는 그대로 사랑이다

여기저기 사랑을 찾아

마음의 방랑자 되지 말고

너 자신을 사랑하면

사랑은 절로 찾아온다

마음에 사랑이 반짝이면

사랑, 사랑하지 않아도

중요한 때, 사랑의 시간은

참을 수 없는 밀물처럼 충만하게

마음을 채울 것이다

애쓴다

그런다고 사랑은 만나주지 않는다

사랑하고 사랑받는 이는 따로 있으니

사랑은 사랑을 아는 이 곁에 있다

4부

날마다 오늘이 사랑입니다

우리 만나야 해요

사랑이 밟힌다
눈에 선하게 밟힌다
그래도 사랑은 찾을 수 없다
어찌 된 일인지는 알 수 없다고 하지만
실은 자신만 알고 있다
말하지 않은 진실을 마음에 품고 있다
털어놓을 수 없는 그 마음
아픔은 평생 가지고 가야 할 비밀
사랑은 그렇게 아픈 것이지만
그 사랑 치유할 사랑을 만나면
사랑의 아픔은 사라지고
사랑의 시작은 사랑의 기쁨이 되리라
아픔이 깊었던 만큼 기쁨도 더 크리라
나의 사랑, 사랑의 회복을 위하여
할 수 있음은 오늘 기도한다
당신의 사랑, 나와 만날 수 있기를

카톡 사랑

오늘 이 하루도

카톡은 생활의 필수품

없이는 못 산다

살아가는 소통의 이음이다

주고받는 많은 내용 가운데

내 경우는 이것이다

가장 많이 사용하는 다섯 글자

"감사합니다"

어느 날 헤아려보니

그랬다

주거니 받거니 끝날 때 인사말

언제나

"감사합니다"였다

그래서 오늘도 또

"감사합니다"를 표한다

표현은 사랑이기 때문이다

운명을 역행하는 사랑을 위하여

 참을 수 없는 존재의 가벼운 입으로 언제나 가볍게 짜증을 내는 사람아! 너와는 다시 만나지 않으리라 다짐하지만, 운명이라 어쩔 수 없이 만나는 사이. 너는 가볍지만 나는 그렇지 않다. 눈치도 없이 나대는 너로 인하여 일이 틀어져도 말할 수 없는 너. 그 출랑대는 혀 놀림 누구도 제어할 수 없다. 인생의 수레바퀴를 불사르게 하는 그 말 한 마디 마디마다 독이 있으니 어찌 그 독을 뺄 수 있을까.

 너의 곁을 떠나 새로운 존재의 만남으로 중후한 삶을 살고 싶다. 단절은 한 번도 경험해 보지 못한 행복으로 가는 지름길이다. 너와 결별을 선언한다고 할지라도 물귀신같이 따라오는 운명의 꼬리 밟힘. 잘라내도 여전히 자취를 찾아오는 너. 운명의 여神은 너의 편이고, 운명의 남神은 나의 편이다. 나는 너를 떠나 달리고, 너는 나를 따라온다. 그러거나 말거나 신경 쓰지 않고 달린다. 긴 꼬리가 길게 더 가늘게 자취가 희미해지도록 오늘 신나게 달린다.

멈출 수 없는 사랑의 기쁨을 위하여 내 모든 것을 헌신한다. 또 참을 수 없는 존재의 가벼운 입방정으로 사랑을 망가뜨리려는 이들이 있다고 할지라도 개의치 않는다. 내 사랑은 더 힘이 강하기에 사랑의 튼튼한 성을 쌓는다. 창으로도 칼로도 포로도 뚫을 수 없는 영원한 사랑의 방패. 사랑의 행로는 고통을 통해 더 단단해진다. 나의 사랑, 나의 기쁨, 나의 소망은 고향을 찾는 연어의 죽음과 탄생처럼 믿음으로 노를 저어 극한의 수로를 따라 올라간다.

사랑의 의지

원수를 사랑하라

원수를 사랑하라

사랑은 사랑하는 사람을 사랑한다

원수는 미워하라

원수는 미워하라

사랑과 충돌하는 원수를

사랑하는 해법을 찾아야 한다

미운 사람은 미워하라

반한 사람은 사랑하라

우리 사랑은 좋은 대로 한다

우리 미움은 나쁜 대로 한다

사랑과 원수는 같이 만날 수 없다

자꾸 원수를 사랑하라고 하는

불가능의 사랑은 어찌해야 할까

사랑할 수 없는 사랑 그 사랑은

감정을 쏙 뺀 의지의 사랑이라고

할 수 없이 고백한다

이것이 사랑의 의지이다

사랑과 원수가 만나는 지점

서로 투명한 얼음 얼굴의 평화다

사랑의 운명

"사랑한다."

아무것도 바라지 않고 믿고. 사랑한다는 그 말에 사랑을 시작한다. 사랑할 때는 콩깍지가 씌어 좋은 점만 보이고 달리 보이는 것은 없다. 다른 것을 말하면 사랑을 반대하는 것처럼 민감, 예민하게 대뜸 반응한다. 어쩌면 사랑은 세뇌인지 모르지만, 사랑하고 결혼하고 나면 얼마 못 가 사랑 본색이 드러나도 사랑할 수 있으면 진짜 진짜 사랑에 성공한 것이지만, 그 후에 일을 누가 알 수 있겠는가?

"사랑했었는데, 사랑했었는데"

하고 하소연한다는 친구의 소문을 들으면. 그럼, 그 친구에게서는 아직 아무런 소식도 없으니 사랑하고 있을까? 사랑한다는 그 말대로 진짜 사랑하고 있을까. 그렇겠지, 하고, 사랑에 울고 있는 그를 보면 사랑한다는 말 액면가대로 믿어서는 안 될 약속이라는 것을 잊지 말자. 잊지 말자. 사랑한다는 말. 진짜인지 한 번 다섯 번 열 번 두드려보고 사랑의 약속 손가락 걸어야 하지 않겠나.

  사랑 고백한 이후는

다 소용없다. 사랑에 눈이 먼 사이. 운명이다. 말이 필요 없는 연인의 운명을 받아들이고 사는 것, 잘 살든 못 살든 사랑도 운명이다.

사랑과 욕망의 기대임

기대임,

누군가에게 기대고 싶을 때가 있다

그런 때에 찾아오는 낯설지만

익숙한 것처럼

서로 눈이 마주쳤을 때

이끌림,

싫은 듯하지만

좋은 듯이 끌리고 당기는 힘의 역학

리드하는 센스가 있는 쪽으로

감정이 흐른다

기대임,

속이지 않는 속삭임

그 순간만큼은 그렇다

그러나 사랑인지 욕망인지 흐릿하다

사랑인 줄 알았는데 욕망이었던 시간

사랑과 욕망은 서로 기대었다가

무너진다, 욕망을 사랑으로

착각한 순간의 추억이었다

기대임, 약한 고리

사랑은 독립일 때 오는 진실이다

순수한 사랑이 있을까

사랑, 좋은 사랑을 찾는다
어디서 찾을까
학창 시절이 좋다
아무것도 따지지 않는다
순수의 시절,
기성세대의 기준에 대한 반항
그 기준 앞에 순수는 속절없이
파괴될 수밖에 없다
순수의 파괴,
오래가도 아물지 않는 상처
사랑은 해도 열매는 조건을 따진다
사랑의 순수를 지키려면
힘의 작용이 있어야 함을
뼛속까지 울며 깨닫지만
시간은 기다려주지 않는다
순수를 찾는 슬픈 사랑은

허공으로 흩어진 눈꽃으로 날린다

프리츠 크라이슬러의 바이올린 연주

'사랑의 슬픔'이 흐른다

사랑의 기도

사랑하면 간절해진다

잘될 수 있도록

"우리 사이 잘 되게 해 주세요"

하고 기도한다

그래도 만나면 티격태격한다

이게 아닌데 하는 마음이 있어도

조절되지 않는다

사랑의 질투심,

나만 바라보라고 하는 소유욕

그렇게 하지 않으리라 하는데도

사랑의 속성이 나타나 갈등을 유발한다

그러다가 헤어질까 말까?

갈등의 고비를 넘어

서로 안아줌으로

사랑은 계속된다

울고 웃는 과정에 조금씩 깊어지는

사랑의 역사

결실의 좁은 문을 통과하기를

기도한다

사랑의 시작과 끝

시작은 언제나 낭만적이다
그래서 사랑이다
때로는 흥분하기도 하면서
계속 좋다고 하길 바라지만
어느 순간 섬뜩함이 느껴진다
오싹함 그리고 풀림
사랑에 순풍이 분다
사랑은 항해다
순풍에 돛을 달았어도
가만두지 않는 역풍이 분다
가도 가도 계속 가야 하는 항해
묻는다
우리 사랑 어디까지 가야 할 것인가
거기에 무엇이 기다리고 있을까
서로에게 물어도 답은 없다
가봐야 안다

사랑이 천국으로 입국할지

사랑이 지옥으로 떨어질지

누가 그 답을 줄 수 있을까?

사랑의 쉼표

사랑한다고 좋아한다고

서로 흥분했다

서로 맞아떨어진 즐거움

계속 간다

인생 살 맛이다

어느 날 핼쑥한 모습

사랑을 너무 열심히 했나 보다

조금은 쉬었다 가자

사랑의 밭을 가꾸는 시간도

절제가 필요한 것을

새삼 느끼는 시간

하늘이 노랗다 파랗다

사랑은 하늘을 바라볼 때

풍경 좋은 날이

행복을 누리는 시간이다

우리 사랑, 어떤 모습일까

사랑은 예쁘다 귀엽다 잘 어울린다고 하지만

사랑하는 사람마다 그 모습 부럽기만 하다

너네 사랑은 참 예뻐, 하지만

우리 사랑에 관하여는 어떻게 말할까

너네 사랑은 천생연분이야 하는 소릴 듣길

간절히 원하는 것은

이상한 일이 아니지만

왜 이럴까 우리 사랑 이리 우여곡절이

끊이지 않을까

사랑에 낭만을 기대했던 것은 물거품으로

꺼지는 것은 아닐까 조마조마한 심정

사랑은 그리 만만한 것이 아니라는 것을

사람마다 형형색색으로 그려지는 사랑의 색채

사랑은 사람의 그릇에 따라 요지경 만화경으로

웃기고 울리고 환호성을 지르고

가슴 철렁, 간 떨어질 뻔하기도 하며

사랑은 변덕 심술쟁이로 우리 사이를 놀린다

한강의 사랑

사랑이 발생하는 곳은 어디일까

사랑이 사랑을 만나는 장소

럭키 서울,

럭키 여의나루역 한강공원에 가면

사랑이 움직인다

낭만을 찾아 모여드는 곳

밀물이 되고 썰물이 되는 인파

그 파도를 타고 서로 부딪히는 우연

이것을 인연이라 부르며 웃으며

이야기하고 앉고 걷다 보면

마음에 무엇인가 싹이 움튼다

여기 만난 자리에서 다시 만나요

이보다 좋을 수 없는 낭만의 분위기

사랑을 실어 나르며 오고 가는 교통의 요충지

사랑의 플랫폼으로 이보다 좋을 수 없는

낭만이 살아 숨 쉰다

사랑이 시작되고 사랑이 자라고

추억을 쌓으며 달리는 여의도 둘레길 코스

사랑은 한강이고 한강은 사랑이다

사랑 근로자

 당신을 만나면서 부지런해졌습니다. 바빠졌습니다. 당신이 무엇을 좋아하는지 신경이 예민해졌습니다. 사랑이 결실을 보기 전까지는 항상 조심조심해야 합니다. 언제 삐지고 빠져나갈지 모르는 살얼음판과 같은 심정입니다.

 사랑의 손가락을 걸었을지라도 진행형입니다. 중간에 다른 방향으로 틀 가능성은 열려있습니다. 사랑, 사랑은 부드러우면서 예민하고 조금 신경을 덜 쓰는 순간 놓쳐버리는 기회주의자와 같습니다.

 성실한 근로자에게 휴식이 꿀과 같이 달 듯이 사랑의 결실을 이룰 때까지 쉴 수 없는 개근 근로자가 되어야 합니다. 그 이후 잠시 휴식을 취할 수 있는 시간이 오겠지요. 사랑에 대해 성실함은 약속을 지키는 규율과 같은 것이기에,

 오늘도 당신의 마음에 눈도장 출근을 찍습니다. 그렇다

고 피곤하여 당신을 만나는 것이 부담된다는 것 절대 아닙니다. 당신을 향한 사랑의 근로는 나의 삶, 존재의 의미이기에 당신이 나를 존재케 하는 활력입니다.

사랑의 종

사랑을 할까 말까
사랑에 실망한 이도
사랑에 성공한 이도
사랑은 사랑과 미움의 교차로에서
또는 혼미함 속에도 사랑은 불탄다
타오르지 않는 불꽃이 되려고 해도
그 참을 수 없는 욕망은
사랑이라는 마약과 같은 달콤함으로
미약처럼 빠져들면 헤어 나오지 못한다
아예,
가까이 가지 않으면 좋겠지만
한 번 사랑에 접촉한 이는 죽든지 살든지
사랑의 족쇄에서 벗어날 수 없는 운명,
그 운명의 신은 벗어날 수 없다
사랑인지,
집착인지,

욕망인지는 자신도 알지 못한다

사랑의 맛을 혀끝으로 맛본 이는

사랑의 종이 된다

영원으로 갈 때까지 자신의 존재는 사라지고

사랑을 위하여 목숨을 건 순례자의 길을 간다

오늘의 사랑

 무슨 일인가 하고 창문을 열지 않을 수 없었습니다. 며칠 동안 내리던 비로 인하여 그동안 창문을 꼭 닫고 있었습니다. 안이나 밖이나 어둡거나 흐리거나 축축하거나 해서 그림자 세상에서 살았습니다. 오늘은 괜찮으려나 했지만, 하루 더 길어졌습니다.

 그런데 오늘 아침 창문이 확 밝아졌습니다. 웬일인가 하고 창문을 열었습니다. 새날로 확 바뀌었습니다. 파란 하늘, 높은 창공, 구름 한 점 없는 해 맑음이었습니다. 태양은 빛나고 눈부신 햇살이 비추고 있습니다.

 아침 햇살은 눈부신 사랑입니다. 며칠 동안 내리던 비의 군대를 모두 몰아내고 찾아온 다윗의 태양이었습니다. 꿉꿉하고 이래도 저래도 젖은 그 음습한 기운을 떨쳐버릴 수 없었던 시간을 확 몰아낸 찬란한 아침이었습니다.

이런 날이 천국이구나 하는 상쾌한 찬양이 저절로 흘러나옵니다. 오늘은 천국의 하루입니다. 하늘에서 비치는 따사로움은 해님의 살가운 손길로 느껴집니다. 하늘을 바라보니 미소 짓는 표정으로 비추고 있습니다.

 오늘, 이 화창한 봄의 맑음은 여기가 천국인 것을 확인해주는 사랑의 인증입니다. 오늘이 좋습니다. 오늘이 사랑입니다.
 누군가를 만나도 즐거운 사랑의 날입니다.

※ 해설

사랑의 신비와 존재의 의미

고명수 (시인, 문학평론가)

1. 사랑의 찬미로서의 시

오래 전 시 창작교실 수업에서 미당 서정주 선생께서는 구약성서에 나오는 「솔로몬의 아가」의 한 구절을 인용하시면서 시적 상징에 대해 설명하신 적이 있다. 그 때 필자는 '성경이 하나의 위대한 문학텍스트일 수도 있겠구나' 하고 생각하면서 대학생 성서읽기 모임인 UBF Unversity Bible Fellowship에 참여하여 수녀원에도 가고 방학 때에는 친구와 함께 수양회에 참가하기도 하며 성서를 공부했던 기억이 난다. 지금도 틈틈이 욥기·시편·잠언·전도서·아가(서) 등 시가서는 틈틈이 읽으면서 시적 표현의 오묘함에 감탄하며 매료되기도 한다. 그리고 성서의 핵심사상이 결국은 사랑이라는 것도 어렴풋하게나마 이해하고 있다.

사랑은 사람을 탄생하게 하는 생명의 근원이며 동시에 생명수 그 자체이다. 그래서 많은 시인들은 사랑을 찬미하는 시를 남기기도 하는 것이다. 삶과 문학을 통해서 영문학사상 가장 아름다운 사랑을 실천적으로 보여준 브라우닝 부부는 여러 장애와 억압으로부터 벗어나 해방과 자유를 통한 자아의 실현이라는 낭만적 사랑의 전형을 보여주었다. 그들은 삶과 사랑을 이상적으로 일치시킨 부부로서 사랑을 통해서 그들의 삶과 예술에서도 함께 승리를 보여주었다.

이처럼 인류의 영원한 숙제이며 질문인 사랑에 대하여 김대응 시인은 자기 나름의 해답을 제시하고자 무던히 노력한다. 이제 그가 제시하는 사랑에 대한 질문과 답변을 따라가면서 사랑에 대한 우리의 명상과 사색을 전개해보자.

2. 삶의 생명수이자 '든든한 성城'으로서의 사랑

목사이자 많은 저술을 지닌 작가로서 김대응 시인은 「시인의 말」에서 "마르지 않는 옹달샘과 같은 신선한 힘", "언제나 끝까지 이루어질 때까지 일어서게 하는 부활의 능력" 이라고 사랑을 정의한다. 그것은 포기할 수 없는 인생의 과제로서 "간절함이 마음 중심을 지키고 있"는 것이다. 또한 김 시인은 사랑을 "자신보다 더 중요한 존재를 위한 사투"라고 규정한다. 그토록 간절하고 치열한 사랑의 행로를 따라가 보기로 한다.

먼저 김대응 시의 화자가 생각하는 사랑은 "같은 방향을 바라보"(「바라봄」)며 걸어가는 "영원한 동행"(「지나가지 않는 사랑」)이다. 동시에 그것은 "환희와 슬픔의 교차로"(「사랑의 교차로」)를 수없이 지나가야 하는 것이기도 하다.

지나간다

모든 것이 지나간다

지나가면 온다

기대하는 것이 온다

겨울이 가면 봄이 오듯

미움이 가면 사랑이 온다

사랑이 가면 무엇이 올까

사랑은 가지 않는다

언제나 그 자리에 있어

어제도 오늘도 내일도

사랑은 내 곁에 있다

내가 왔을 때도

내가 가고 있을 때도

사랑은 영원한 동행이다

설명할 수 없는 신비로움

풀 수 없는 내 사랑의 봄

동행한다

―「지나가지 않는 사랑」 전문

  위의 시에서 보듯이 모든 존재는 흘러간다. 인간의 감정도 본질적으로 머물지 않고 흘러가는 것이다. "겨울이 가고 봄이 오듯이" "미움이 가면 사랑이 오"는 것이다. 하지만 화자는 사랑만은 언제나 그 자리에 있기를 갈망한다. 그것은 "설명할 수 없는 신비로움"이며 "풀 수 없는 내 사랑의 봄"이기에 화자는 "영원한 동행"을 꿈꾼다. 그러므로 화자가 생각하는 사랑은 막연한 그리움의 추상적인 사랑이 아니라 매우 실제적인 것이며 늘 곁에 있는 구체적이고 감각적인 사랑이다.

> 그리움 속에 살았습니다
> 당신을 잊지 못하는 그리움으로 살았습니다
> 그리움 속에 살았습니다
> 잊으려고 해도 잊히지 않는
> 그리움의 세월
> 세월은 약이 아니라 병이 되었습니다
> 그 병을 이제는 고쳐야 할
> 시간이 되었습니다
> 그토록 이젠 잊으라고 했던
> 친구의 고언도 무시하고
> 그리움이라는 무덤을 팠습니다
> 잊으라고 한 그 친구의 말대로
> 지금, 그리움의 무덤을 덮겠습니다
> 그 여운이 사라지는 시간이면
> 진실한 사랑이 보일까요?
> 그 사랑 속에 살고 싶습니다
> 멀리 있는 그리움 아닌
> 가까이 있어 만질 수 있는 사랑
> 사랑하며 살아가는 우리
> 사랑은 여기 있으니 사랑입니다

그리움 아닌 참사랑입니다
곁에 있는 사랑으로 꽃을 피워갑니다
─「그리움보다 사랑입니다」 전문

위의 시에서 보듯이 화자에게 있어 사랑하는 존재가 부재하는 그리움의 세월은 "약이 아니라 병"의 시간이고, "무덤"의 시간이다. 화자는 그 시간을 벗어나야 할 대상, 즉 "그리움의 무덤"을 덮고 고쳐야 할 대상이라고 생각한다. 화자가 간절히 원하는 사랑은 "멀리 있는 그리움 아닌 가까이 있어 만질 수 있는 사랑"이다. 그것이 참사랑이며 우리가 피워가야 할 사랑의 "꽃"이라고 화자는 생각한다.

사랑은 여기 있는 사람입니다. 내 곁에 있는 사람, 서로 만질 수 있고, 서로 마주 볼 수 있는 거리에 있는 사랑이 진실 사랑입니다. 더 이상 사랑을 찾아 방랑하지 않고 사랑의 둥지를 틀고 평화를 위하여 기도하는 집에 머물러 있는 가장, 사랑의 기둥입니다. 사랑 타령 그만하고 생활의 필요를 위하여 가족을 보듬어주는 것이 사랑의 뿌리입니다. 비바람 폭풍우 치는 때에도 햇볕이 따뜻할 때도 창문을 부술 듯이 태풍이 불 때도 어떤 상황에서도 든든한 성城이 되어 주는 임, 임은 사랑의 화신化身입니다.
─「사랑 설명서」 부분

화자가 간절히 원하는 사랑은 매우 구체적이고 감각적인

것으로써 가까이에 있어 "서로 만질 수 있고, 서로 마주 볼 수 있는 거리에 있는 사랑"이다. 화자는 그러한 사랑이 "진실"한 사랑이라고 생각한다. 그것은 "생활의 필요를 위하여 가족을 보듬어주는 것"이라고 한 것으로 보아 사랑은 곧 사람이 살아가는 데 있어서 없어서는 안 될 가장 기초적인 요건으로써 "생명수"와 같은 것으로, 또는 모든 삶의 위험으로부터 생존을 지켜주는 "든든한 성"과 같은 것이라고 화자는 생각한다.

3. 사랑은 존재의 의미이자 구원의 길

이번 시집에서 화자는 다양한 각도에서 사랑에 대하여 성찰한다. 화자는 사랑이야말로 우리 인생에 있어서 "끝없는 관심"의 대상이며 "탐구해야 할" 숙제(「사랑의 숙제를 받고」)라고 인식한다. 왜냐하면 그것은 "존재의 의미"이기 때문이다. 인간은 의미를 추구하는 동물이다. 아무리 힘든 극한 상황일지라도 거기서 삶의 의미를 찾을 수 있다면 우리는 살 수 있다고 말한 사람은 비엔나의 정신과 의사였던 빅터 프랭클V.Frankl이다. 20세기 최악의 홀로코스트의 현장이었던 아유슈비츠의 극한상황에서 살아남은 그는 후에 심리치료의 하나인 '의미치료'를 창시하기도 했다. 로고테라피logotherapy라고 부르는 이 치료법에서 의미를 찾는 방법은 크게 세 가지로 요약된다. 창조적 가치와 경험적 가치와 태도적 가치가 그것이다. 그렇다면 허망하기 짝이 없는 우리의 인생을 의미 있게 만드는 것은 무엇인가?

누군가 나로 인하여
행복을 느낄 수 있다면
그보다 더 한 존재의 의미는
없습니다

누군가 나를 기억하고
행복한 같은 시대를 살았다고
한다면 이보다 더 좋을 수는
없습니다

누군가 나로 인하여
사는 맛 행복했다고
한다면 이 세상에
작은 천국을 이루었습니다

누군가 나로 인하여
존재의 의미를 알고
살았다고 한다면 이 세상 사는
꿈을 이루었습니다

그분이 누구인지 모르지만
감사합니다

고맙습니다

사랑합니다

―「존재의 의미」 전문

  이 시에서 화자가 존재의 의미를 찾는 것은 경험적 가치를 통해서이다. 경험적 가치는 사랑을 통해 기쁨을 경험하는 일, 지는 노을을 보고 감명을 받는 일처럼 어떤 일을 경험하거나 어떤 사람을 만남으로써 얻을 수 있는 의미를 말한다. 이것은 다소 수동적이기는 하지만 우리가 일상생활 속에서 아주 쉽게 얻을 수 있는 가치이자 의미들이다. 특히 사랑은 수동적으로 아주 쉽게 의미를 얻을 수 있는 근원적인 현상에 해당한다고 빅터 프랭클은 말한 바 있다. 위의 시에서 화자는 누군가 자신으로 인하여 행복을 느끼고, 사는 맛을 느끼고 자신을 기억하고 존재의 의미를 알았다고 말한다면 그것은 화자에게는 이 세상에 작은 천국을 이루는 일이며 세상 사는 꿈을 이루는 일이 되므로 그 대상에게 감사하고 고맙고 사랑한다고 말한다. 이것은 또한 세상에 어떤 일을 행함으로써 의미를 발견하는 것이니 창조적 가치를 실현하는 일이 되기도 한다.

  또한 사랑은 세상을 맑게 하고, 세상을 천국으로 만드는 지름길, 즉 천국으로 가는 계단이 된다.

깊은 산속 옹달샘

그 샘은 누가 찾을까

아는 이만 찾지만

누가 찾든 찾지 않든

그 옹달샘은 여전히 샘솟는다

그 맑은 물 만난 이는 생명수로

갈증을 푸는 행복을 누린다

깊은 마음속 사랑의 샘

이 샘은 누가 찾을까

아는 이가 있어도 찾지 못한다

누가 찾을지도 미지수이지만

이 사랑의 심장은 뛰고 있다

이 심장의 고동, 만난 이는 희망으로

하늘을 나는 꿈을 품는다

맑은 옹달샘 같은 사랑의 심장 고동 소리

세상을 맑게 하는 순환의 풍경소리

─「사랑의 샘 소리」 전문

 사람의 마음속에는 천국이 있다. 그것은 누구에게나 있지만, 그것을 찾지 못하는 자들에게는 보이지 않는다. 천국의 "옹달샘"은 어디에서나 변함없이 샘솟고 있다. 그 샘의 "맑은 물"을 만난 이는 그것이 곧 "생명수"이므로 삶의 "갈증을 푸는 행복"을 누리게 된다. 그것은 곧 "깊은 마음속 사랑의 샘"이기 때문이다. 그런데 누구에게나 주어져 있다는 이 생명의 옹달샘을 사람들은 왜 못 만나는가? 그것은 아마도 이것을 보지 못하게 하는 어두운 욕망도 같이 있기 때문일 것이다. 어린 시절엔 있었으나 나이가 들면서 우리가 잊어버린 어린 아이와 같은 순수한 마음, 내적으로 끓고 있는 "용암"으로 인해 끊이지 않는 마음속의 "전쟁" 때문에 보이지 않는 것이 아닐까? 그 "사랑의 심장"은 여전히 뛰고 있는데, "세상을 맑게 하는 순환의 풍경소리"와도 같은 그것을 찾는다면 "희망으로 하늘을 나는 꿈"을 품을 수 있는데, 천국으로 갈 수 있는 계단을 만날 수 있을 텐데 말이다. 하지만 그곳으로 가는 길은 결코 평탄하지는 않다.

    가는 길이 순탄하지 않다
    울면서 탄생했고 축하받았지만
    어디서 언제 어떻게 죽을지는
    누구도 예측할 수 없는 불안한 미래지만
    누구도 준비하지 않는다
    아무 일도 일어나지 않는 것처럼
    내일도 오늘처럼 일 것이라고
    생각하는 것일까
    생각해 봤자 대책이 없기에
    되는대로 사는 거지 뭐, 하고
    그래, 그래 그렇지 뭐 어떻게 되겠지
    막연한 포기가 평안함으로
    마음을 다독이는 위로가 되는 듯
    오늘은 이렇게 지나가고 있다

> 내일은 오지 않았다
> 언제나 오늘이었다
> 곁에 있는 한 사람과 사랑하며
> 한 걸음 천국을 향한 발자국을
> 또 한 걸음 내딛고 있을 뿐이다
> ―「사랑의 계단」 전문

　화자는 위의 시에서 인생의 길이 결코 순탄치 않고 예측할 수 없는 미래로 인해 "불안"하지만, 아무런 준비를 하지 않는 마음, "생각해 봤자 대책이 없기에/ 되는대로 사는 거지 뭐, 하고/ 그래, 그래 그렇지 뭐 어떻게 되겠지" 하고 편하게 생각하는 "막연한 포기"의 안이함과 나태에 빠져 있는 마음 때문에 한 단계 더 높은 곳에 이르지 못하고 "언제나 오늘"인 답보 상태에 머문다고 분석한다. 앞에서 언급한 빅터 프랭클의 의미를 찾는 마지막 3단계는 바로 피할 수 없는 고통에 대해 특정한 태도를 취함으로써 얻게 되는 의미, 즉 '태도적 가치'이다. 그런데 이것을 성취하기는 매우 어렵지만 인간이라면 누구나 '태도의 자유'를 지니고 있기 때문에 충분히 성취해낼 수 있다고 보았다. 그 방법은 바로 "곁에 있는 한 사람"과의 진실한 사랑을 통해서 삶의 근원적 본질인 "천국"으로 향할 수 있는 것이다. 그것은 가장 원시적인 성적인 태도나 그보다 한 단계 더 깊은 정신적 태도를 의미하는 에로티즘적 태도를 넘어서 영적인 존재로서 상대와 관계를 맺을 때 도달할 수 있는 것이다. 즉 사랑하는 사람의

유일하고 일회적인 영적 인격을 직접적으로 지향할 때 도달할 수 있는 진정한 사랑이다. 이 때 사랑은 자신을 구하고 세상을 구할 수 있다.

> 사랑이 세상을 구했다
> 당신을 구하는 것이 사랑이었다
> 어디서부터 왔는지 묻지도 않았다
> 어디로 가는지도 몰랐다
> 지금, 이 순간 내 앞에 있는 당신
> 나를 바라보는 눈빛
> 세상에서 볼 수 없는 부드러움
> 나의 영혼을 감싸고 위로하는
> 흰 구름에 쌓인 따뜻한 품
> 무엇이라 표현할 수 없는 붕 뜬
> 기분, 꿈이 아니길 바랐다
>
> －「사랑이 당신을 구했다」 부분

위의 시에서 보듯이 나를 구하고 이 세상을 구하는 것이 바로 사랑이다. 그것은 "어디에서 왔는지" 묻지도 않으며 "어디로 가는지"를 몰라도 된다. 다만 "지금 이 순간 내 앞에 있는 당신"을 진정으로 사랑하는 것이다. 진정한 사랑은 사랑받는 사람이 무엇을 지니고 있느냐having가 아니라 그 사람 자체being를 사랑하는 것이기 때문이다. 이러한 참사랑에 도달할 때 "나를 바라보는 눈빛/ 세상에서 볼 수 없는 부드러움/ 나의 영혼을 감싸고 위로하는/ 흰 구름에 쌓인 따뜻한 품"을 느낄 수 있는 것이 아닐까?

4. '소망의 항구'에 이르는 흔적으로서의 시

수많은 시인과 작가들이 묘사하고 노래해 왔듯이 사랑의 감정은 사람으로 하여금 참으로 오묘한 경험을 하게 한다. 그것은 빅터 프랭클이 말했듯이 "사랑이 인간 고유의 현상으로, 실존적이며 근원적인 현상"이기 때문이다. 「시인의 말」에서 화자는 "또 하나의 사랑으로 잉태한 사랑의 미래를 향하여. 바람 부는 방향을 살피며 나의 바다, 나의 인생 항해는 영원을 향하고 있다"고 사랑을 향한 자신의 기나긴 탐구의지를 말하고, "그 소원의 항구에 도착할 때까지 한 문장이라도 더 흔적을 남겨야 한다"며 사랑에 대해 탐구한 수많은 시를 쓴 자신의 창작의 동기를 밝히고 있다. 동시에 그는 그러한 창작동기의 이면에 자신이 남긴 시의 "이 발자국을 보고 찾아올 그대를 위하여"라고 함으로써 자신의 시를 읽을 독자들이 이러한 사랑에 대한 진지한 탐구를 등대 삼아 올바른 사랑의 길을 찾아가기를 바라는 시인으로서의 소망을 피력한다.

> 말하지 않아도 표정은
> 말합니다
> 말을 하면 그 말은

속일 수 없습니다
"너 정말이네" 하여도
부정하기도 하지만
그럴수록 인정하는 모습
드러납니다
표정과 말은 사랑에 물들어
어떻게 해도 빛이 납니다
사랑은 그런 것이기에
그 사랑,
거짓이 아닌
진심인 사랑의 행로가 되길
기도합니다
사랑은 당신을 찾아왔고
당신은 사랑을 따라갑니다

―「사랑에 빠진 당신」 전문

  위의 시에서 보듯이 사랑은 존재를 빛나게 한다는 사실이다. 사랑에 빠지면 "표정과 말은 사랑에 물들어 어떻게 해도 빛이" 난다는 것, 그러니 독자들에게도 그러한 "사랑의 행로"를 걸어가기를, "거짓이 아닌 진심의 사랑"을 만나기를 기도하고 당부하고 있다. 사랑은 "살아가는 힘"이며 "인생의 양식"이니 서로 사랑하라고 역설한다(「사랑하라고 한다」). 우리의 사랑은 "우리가 꽃피워야 할, 참으로 손질을 많이 해야 하는 사랑"(「우리의 사랑」)이므로 부지런히 사랑해야 한다. 그러나 "당신을 향한 사랑의 근로는 나의 삶"이며, "당신이 나를 존재케 하는 활력"(「사랑의 근로」)이므로 지치지 않는 것이다. 그것은 때로 "변덕 심술쟁이"로 우리를 놀리기도 하지만(「사랑의 종」), 우리를 "지탱해 주는 위로의 기둥"(「곁에 있는 위로」)이기도 하니까, 늘 사랑의 곁에 머물겠다는 다짐을 버리지 말아야 한다. 언젠가 사랑하는 이와 헤어져야 하는 순간이 오더라도, 비록 사랑하는 대상을 위하여 할 수 있는 것이 아무것도 없을지라도 "아! 나만은 꺼지지 않는 촛불 밝히고 그대 곁을 지키고 싶다"(「사랑하는 이를 바라만 볼 수밖에 없을 때」)는 것이 모든 사랑하는 사람들의 삶의 양식이자, 이별의 마음이 아닐까?

무슨 일인가 하고 창문을 열지 않을 수 없었습니다. 며칠 동안 내리던 비로 인하여 그동안 창문을 꼭 닫고 있었습니다. 안이나 밖이나 어둡거나 흐리거나 축축하거나 해서 그림자 세상에서 살았습니다. 오늘은 괜찮으려나 했지만, 하루 더 길어졌습니다.

그런데 오늘 아침 창문이 확 밝아졌습니다. 웬일인가 하고 창문을 열었습니다. 새날로 확 바뀌었습니다. 파란 하늘, 높은 창공, 구름 한 점 없는 해 맑음이었습니다. 태양은 빛나고 눈부신 햇살이 비추고 있습니다.

아침 햇살은 눈부신 사랑입니다. 며칠 동안 내리던 비의 군대를 모두 몰아내고 찾아온 다윗의 태양이었습니다. 꿉꿉하고 이래도 저래도 젖은 그 음습한 기운을 떨쳐버릴 수 없었던 시간을 확 몰아낸 찬란한 아침이었습니다.

　이런 날이 천국이구나 하는 상쾌한 찬양이 저절로 흘러나옵니다. 오늘은 천국의 하루입니다. 하늘에서 비치는 따사로움은 해님의 살가운 손길로 느껴집니다. 하늘을 바라보니 미소 짓는 표정으로 비추고 있습니다.

　오늘, 이 화창한 봄의 맑음은 여기가 천국인 것을 확인해주는 사랑의 인증입니다. 오늘이 좋습니다. 오늘이 사랑입니다. 누군가를 만나도 즐거운 사랑의 날입니다.
―「오늘의 사랑」 전문

　사랑의 미래를 향한 항해의 길은 그리 만만한 길이 아닐 것이다. 그러나 대부분 사람들은 "사랑을 위하여 목숨을 건 순례자의 길을 간다"(「사랑의 종」) 화자 역시 위의 시에서와 같이 비가 그치고 난 화창한 오늘의 사랑, "이래도 저래도 젖은 그 음습한 기운을 떨쳐버릴 수 없었던 시간을 확 몰아"내고 "태양이 빛나고 눈부신 햇살이 비추"는 천국의 하루, 사랑의 아침을 만날 때까지 사랑의 항해를 계속할 것이다.
　필자는 이러한 김대웅 시인의 진실한 인생과 사랑의 탐구가 "소원의 항구"에 닿을 때까지 더욱 아름다운 문장으로 결실되기를 기원한다. 그리하여 많은 독자들에게 참된 사랑과 인생의 지표를 감동적인 문장으로 제시함으로써 천국과 같은 기쁨과 열락을 향한 이정표를 만들어 제시해 줄 것을 기대한다.

현대시학시인선 151

사랑에 대한 답

초판 1쇄 발행	2025년 1월 23일
지은이	김대웅
발행인	전기화
책임편집	이용헌
발행처	현대시학사
등록일	1969년 1월 21일
등록번호	종로 라 00079호
주소	서울시 종로구 계동길 41
전화	02.701.2341
블로그	http://blog.daum.net/hdsh69
이메일	hdsh69@hanmail.net
배포처	(주)명문사 02.319.8663
ISBN	979-11-93615-27-0 03810

○ 책값은 뒤표지에 있습니다.
○ 이 책의 판권은 지은이와 현대시학사에 있습니다.
  이 책 내용의 전부 또는 일부를 재사용하려면 반드시 양측의 서면 동의를 받아야 합니다.
○ 잘못 만들어진 책은 구입하신 서점에서 교환해드립니다.
○ 본 책은 2024년 한국예술인복지재단 예술활동준비금지원사업에 선정되어 출간된 책입니다.